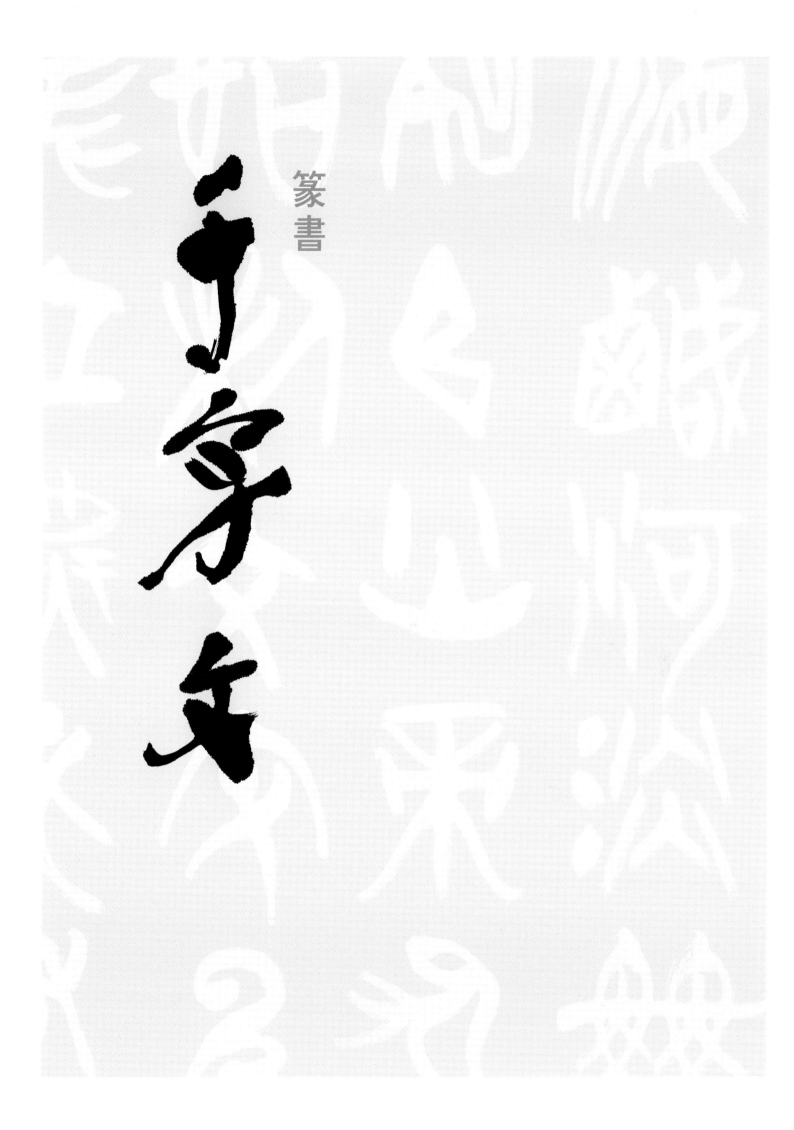

篆書

千字文

篆書千字文을 내면서

《千字文》은 옛날 서당에서 교본으로 많이 썼으며, 또한 역대 서예가들이 즐겨 써왔던 글이다. 전해오는 말에 의하면 梁武帝는 왕희지(王羲之)의 글씨를 매우 좋아해서 大臣 주흥사(周興嗣)에게 명하여 왕희지 서체로 1,000자의 글을 짓게 하였다. 그리하여 네 글자가 한 구가 되게 하고, 자연, 사회, 역사, 윤리 그리고 교육 등에 관한 지식을 내용으로 《千字文》을 지었다 한다. 이 《千字文》은 여러 방면의 계몽과 교육이 같이 서술되어 있는 것이 특징이라 할 수 있는데, 이 때문에 수나라 때부터 광범위하게 유행하게 되었다.

僧 지영(智永)이 쓴 《眞草千字文》은 사람들이 모두 잘 알고 있는 대표적인 예이다. 이후 수준 높은 서예가들도 각기 서체와 품격이 다르게 《千字文》을 썼다. 참으로 한 나무에 천 송이 꽃이 달린 것처럼 헤아릴 수 없이 훌륭한 것이 많다고 할만하다.

오늘날 서예술의 발전사는 끊임없이 계승되고 새로운 창조를 거듭하는 하나의 과정이라는 것을 농인(農人) 김기동(金基東) 선생님의 《篆刻千字文》을 임서하면서 나는 알았다. 하나의 진정한 예술가는 반드시 창조하는데서 발전하고, 부단히 새로운 자신의 모습을 빚어내는 데서 생명력을 얻게 된다는 것을. 만약 그렇지 않다면 천자백태의 독특한 멋을 가진 전각예술이 있을 수가 없으며, 더욱이 구양순(歐陽詢), 안진경(顔眞卿) 등 일대의 신풍을 이룩한 대서예가가 나타나지도 않았을 것이다.

이 책은 필자가 즐겨 보는 농인(農人) 김기동(金基東) 선생님의 《篆刻千字文》을 임서하여 펴낸 것이다.

끝으로 이 책이 나올수 있도록 세심하게 지도해 주신 선생님과 원인묵계(元人墨契) 회원님들께 진심으로 감사드립니다.

2019년 2월 1일

靑山齋에서 李 聖 淵

멈추지 않는 것이 성공이다

　여송은 〈대한민국서예대전〉 초대작가이며, 사진작가이며, 스튜디오를 운영하는 일인 삼역의 삶을 살아가는 성실하고 올곧은 사람이다. 여송은 특히 분주한 생활 속에서도 촌음을 아껴서 서예에 천착하는 주경야독의 삶을 살아가고 있는 중견서예가이다. 그 결과 20년만에 2017년 〈대한민국서예대전〉에서 힘들게 초대작가가 되었다.

　한 가지 일도 이루기 어려운데 여러 가지 일을 잘 해내는 것을 보면 여송은 분명 재주와 능력이 많은 사람이라 말할 수 있을 것이다.

　내가 여송을 만난 것은 20년 전의 일이다. 우연히 사진과 관련하여 의논하던 중 인연이 되어 나에게 서예를 배우기 시작했다.

　우리들 모두가 알고 있듯이 서예는 짧은 시간에 완성되는 예술이 아니다. 오랜 세월 동안 각고의 노력을 통하여 필법, 자법, 장법 등을 익혀야만 도달할 수 있는 '슬로우 아트(slow art)'이다.

　그 뿐만 아니라 '임서'라고 하는 독특한 학습방법을 통해서만 터득할 수 있는 임고(臨古)와 법고(法古)의 예술인 것이다. 그래서 서예는 고대로부터 내려오는 유명 법첩을 임서하면서 그 서체와 필획에서 고인의 서예정신을 찾아내야만 하는 호고(好古)와 인고(忍苦)의 예술이라고 말하는 것이다.

　서예술에서 자주 인용되는 '인서구로(人書俱老)'라는 말이 있다. 이 말은 사람과 글씨가 함께 익어간다는 의미를 담고 있다. 그리고 이 말 속에는 그 사람이 쓴 서예 작품 속에 그 사람의 인품과 서풍이 함께 내재해 있다는 의미도 포함하고 있는 것이다.

　그렇기 때문에 여송도 세월과 함께 서예술도 함께 무르익어 가고 있는 것이다.

여송은 작년에 『한간 천자문』을 출판하고, 그후 1년 가까이 노력하여 소중하게 얻은 그의 두 번째 『전서 천자문』을 출판하기에 이르렀다. 필법의 호불호(好不好)와 서품의 고저를 논하기 앞서 여송의 그 뚝심에 놀라지 않을 수 없다. 그래서 이렇게 격려와 축하의 박수를 보내는 것이다.

내가 3년 전에 여송에게 스치는 말로 천자문을 공부했으면 그 공부한 것을 책으로 엮어 보는 것은 어떻겠느냐고 물었다. 그때 여송은 '한번 해보겠습니다'라고 짧게 대답했다. 그리고 나서 오늘 이렇게 『한간 천자문』에 이어서 멋진 역작 『전서 천자문』을 출판하게 된 것이다.

여송은 목표를 세우면 최선을 다하여 매진하는 근면하고 진솔한 사람이다. 모든 일을 과묵하게 생각하고 말과 행동이 일치하며, 겉과 속이 하나인 사람이다.

그가 다짐했듯이 6체(전서, 예서, 해서, 행서, 초서, 전각) 『천자문』을 계속해서 출판할 수 있기를 바란다.

여섯 종류의 서체별 『천자문』이 완성될 때, 여송은 그의 서예술이 한차원 높은 경지에 이르게 될 것을 확신한다.

다시한번 여송의 두 번째 『전서 천자문』 출판을 축하하며, 그의 필업이 멈춤 없이 계속하여 정진할 것을 바라마지 않는다.

여송! 화이팅!

2019년 2월 1일

검단산 일출을 바라보며 김 기 동

天地玄黃 宇宙洪荒　日月盈昃 辰宿列張

하늘은 위에 있으니 그 빛이 검고, 땅은 아래에 있으니 그 빛이 누르며, 하늘과 땅사이는 넓고 커서 끝이 없다. 해는 서쪽으로 기울고, 달도 차면 점차 이지러지며, 별이 하늘 별자리에 넓게 벌려져 있다.

寒來暑往 秋收冬藏　閏餘成歲 律呂調陽

추위가 오면 더위가 가고, 더위가 오면 추위가 가며, 가을이 오면 곡식을 거두고, 겨울이 오면 그 곡식을 저장한다. 일년의 나머지 시간을 모아 윤달을 만들고, 양인 육율(六律)과 음인 육려(六呂)로 천지의 음과 양을 조절한다.

雲騰致雨　露結爲霜　金生麗水　玉出崑岡

수증기가 올라가 구름이 되고, 찬 기운을 만나 비가 되며, 차가운 밤기운에 이슬이 맺히고, 또 서리가 된다.
금은 중국 운남성 여수에서 많이 나고, 옥은 중국 형산 남쪽에 있는 곤강에서 많이 난다.

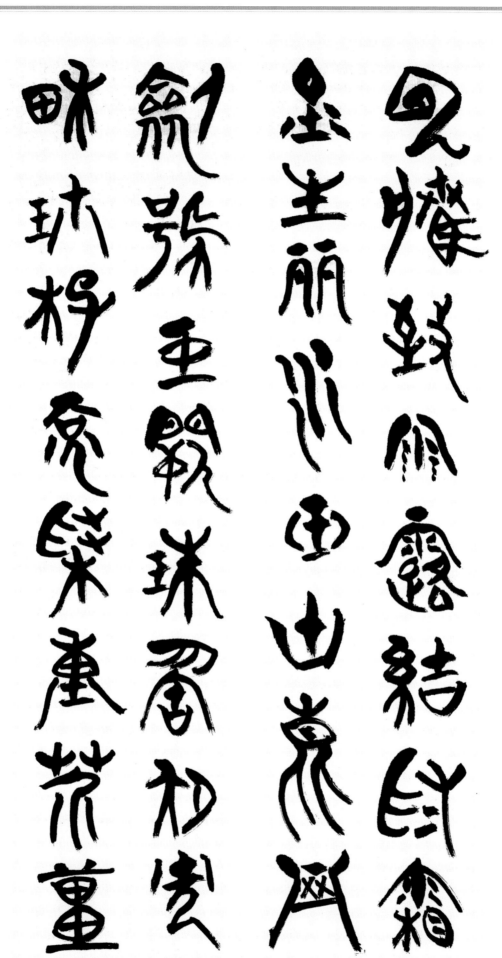

劍號巨闕　珠稱夜光　果珍李柰　菜重芥薑

거궐은 칼의 이름이고, 구야자가 만든 보검이요, 구슬의 밝은 빛이 밤에 더욱 빛나니, 「야광」이라 칭하였다.
과실 중에 오얏과 벚찌의 맛이 으뜸이며, 나물에는 겨자와 생강이 매우 중요하다.

海鹹河淡　鱗潛羽翔　龍師火帝　鳥官人皇

바다 물은 짜고, 민물은 아무 맛도 없으며, 비늘 있는 고기는 물 속에 잠기고, 날개 있는 새는 하늘을 난다.

복희씨는 용으로써 벼슬을 기록하고, 신농씨는 불로써 기록하였으며, 소호(少昊)는 새로써 벼슬을 기록하고, 황제(皇帝)는 인물을 갖추었으므로 인황이라 하였다.

始制文字　乃服衣裳　推位讓國　有虞陶唐

복희씨의 신하 창힐이 새의 발자국을 보고 글자를 처음 만들었고, 이에 의복을 입게 하고, 황제가 의관을 지어 등위를 분별하고, 거동과 차림새를 엄숙케 하였다.

천자의 자리를 미루어 주고, 나라를 사양하여 왕위를 물려주었으니, 유우는 왕위를 물려받은 순(舜)임금이요, 도당은 왕위를 물려준 우(禹)임금이다

弔民伐罪 周發殷湯　坐朝問道 垂拱平章

불쌍한 백성을 조문하고 위로하며, 죄지은 백성은 벌 주었으며, 주발은 주나라 무왕(武王)의 이름이고, 은탕은 은나라 탕왕(湯王)의 칭호이다.
천하를 통일하여 왕위에 앉아, 나라 다스리는 법을 묻는다면, 임금이 겸손한 마음과 자세로 밝고 평화스럽게 다스린다.

愛育黎首 臣伏戎羌　遐邇壹體 率賓歸王

명군(明君)이 천하를 다스림에 있어서, 백성을 사랑하고 양육하면, 인군(人君)의 덕으로 오랑캐들도 항복하여 신민(臣民)이 된다.
멀고 가까운 나라가 전부 그 덕망에 귀순하여 일체가 되며, 백성을 거느리고 와서 복종하여 왕에게 돌아오니, 복종치 않음이 없었다.

鳴鳳在樹　白駒食場　化被草木　賴及萬方

명군성현(名君聖賢)이 나타나면 봉황이 벽오동나무 위에서 울며, 흰 망아지는 감화되어 사람을 따르며, 평화롭게 마당 풀을 뜯어먹는다.
덕화(德化)가 사람이나 짐승에게만 미칠 뿐 아니라 초목에까지도 미치며, 만방이 지극히 넓지만 어진 덕이 고루 미치게 된다.

蓋此身髮　四大五常　恭惟鞠養　豈敢毁傷

몸에 있는 털은 사람마다 없는 이가 없듯이, 세상에는 네 가지 큰 것(道、天、地、王)과 다섯 가지 떳떳함(仁、義、禮、智、信)이 있다.
부모님께서 낳아주시고 길러주심을 생각하여 늘 공손히 대하며, 사랑으로 키워주신 이 몸 어찌 감히 헐게 하고, 상처를 입힐 수 있으랴?

女慕貞潔 男效才良　知過必改 得能莫忘

여자는 정조를 굳게 지키고 행실을 단정하게 하여야 하며, 남자는 재능을 닦고, 어진 것을 본받아야 한다.

허물이 있는 것을 알면 반드시 고쳐야 하고, 사람으로서 알아야 할 것을 배운 후에는 반드시 잊지 말아야 한다.

罔談彼短 靡恃己長　信使可覆 器欲難量

다른 사람의 허물과 단점을 말하지 말고, 자신의 장점을 믿고 자랑하지 말라.

믿음의 약속은 꼭 지켜야 하며, 사람의 기량은 헤아리기 어려우므로 함부로 판단해서는 안 된다.

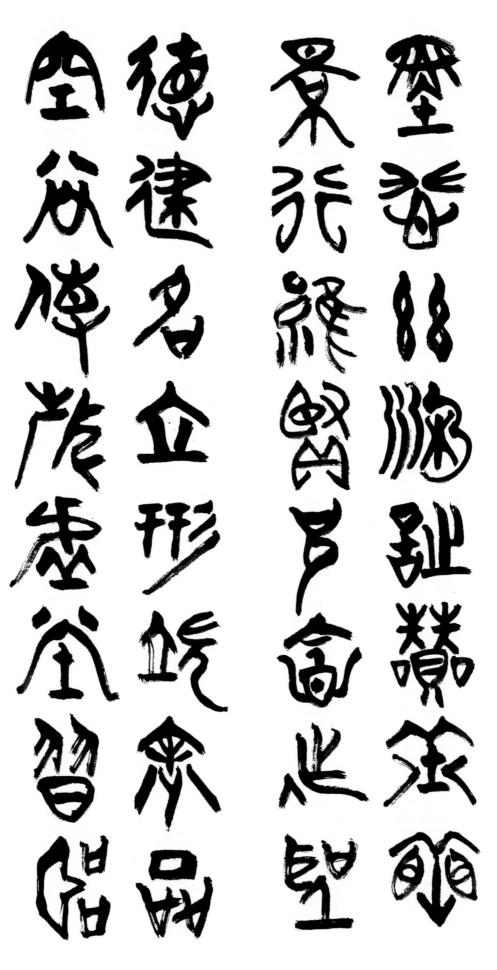

墨悲絲染 詩讚羔羊　景行維賢 克念作聖

흰 실에 검은 물이 들면 다시 희게 하지 못함을 슬퍼하며, 시경(詩經) 고양편(羔羊篇)에서 사람의 선악을 말한 것이다. 행실을 바르고 당당하게 행하면 어진 사람이 되고, 성인의 언행을 잘 생각하고 따르면 자연히 성인이 된다.

德建名立 形端表正　空谷傳聲 虛堂習聽

덕을 가지고 세상일을 행하면 저절로 이름도 서게 되고, 몸가짐과 태도가 단정하고 깨끗하면 마음도 바르게 되어 겉으로 드러난다. 산골짜기에서 크게 소리치면 울려 퍼져 그대로 전해지고, 빈방에서 소리를 내어도 울려서 밖에서 다 듣는다.

14

禍因惡積　福緣善慶　尺璧非寶　寸陰是競

재앙을 받는 사람은 평소에 악을 쌓았기 때문이며, 복을 받는 사람은 착한 일을 했기 때문에, 경사가 오는 것이며, 한 자 되는 구슬이라고 해서 결코 보배라고는 할 수 없고, 잠깐의 시간이 더욱 귀중하니, 시간을 아껴야 한다.

資父事君　曰嚴與敬　孝當竭力　忠則盡命

부모 섬기는 효도로 임금을 섬겨야 하며, 임금을 대하는 데는 엄숙함과 공경함이 있어야 한다. 부모에게 효도할 때에는 마땅히 힘을 다하여야 하며, 나라에 충성함에는, 곧 목숨을 다하여야 한다.

臨深履薄 夙興溫凊 似蘭斯馨 如松之盛

깊은 물에 들어 가듯 하며, 얇은 얼음을 밟듯이 주의하여야 하며, 일찍 일어나서 부모님의 덥고 서늘함을 살핀다. 난초가 은은한 향기를 풍기듯 군자의 지조가 꽃다웁고, 소나무같이 푸르고 무성함은 군자의 절개를 상징한다.

川流不息 淵澄取暎 容止若思 言辭安定

물이 밤낮으로 쉬지 않고 흘러가 듯, 군자도 꾸준히 노력해야 하며, 연못이 맑으면 모든 만물을 거울처럼 비출 수 있다. 용모와 행동거지는 조용히 생각하는 침착한 태도를 가져야 하며, 말소리는 안정되게 하며, 쓸데없는 말을 삼가라.

篤初誠美 愼終宜令　榮業所基 籍甚無竟

무엇이든지 처음 시작할 때에 성실하게 함이 아름답고, 처음뿐만 아니라 끝맺음도 신중히 하여, 마무리가 좋아야 한다. 이상과 같이 잘 지키면 영화롭고 번성하는 기본이 되며, 자신의 명예스러운 이름이 길이 길이 전해질 것이다.

學優登仕 攝職從政　存以甘棠 去而益詠

배운 것이 넉넉하면 벼슬에 오를 수 있고, 직책과 벼슬을 갖고 국가 정사(政事)에 종사하게 된다.
주(周)나라 소공(召公)이 남국의 아가위나무 아래에서 백성을 교화하였는데, 소공이 죽은 후, 남국의 백성이 그의 덕을 추모하여 감당시를 읊었다.

樂殊貴賤 禮別尊卑　上和下睦 夫唱婦隨

풍류는 신분의 귀천에 따라 다르니, 예도(禮度)에 존비의 분별이 있으니, 오륜이 바로 그것이다. 위에서 사랑하고 아래에서 공경함으로써 화목한 가정이 되고, 지아비가 부르면 지어미가 따르니, 원만한 가정을 이룬다.

外受傳訓 入奉母儀　諸姑伯叔 猶子比兒

나이 10세가 되면 밖으로 나가 스승의 가르침을 받아야 하고, 집에 들어와서는 어머니를 받들어 모시며 교육을 받는다.

고모, 백부, 숙부 등은 집안 내의 친척 어른들이며, 조카들도 자기의 아들과 같이 보살펴야 한다.

孔懷兄弟 同氣連枝　交友投分 切磨箴規

형제는 서로 사랑하며 의좋게 지내야 하며, 부모의 기운을 같이 받았으니, 나무의 가지와 같다. 벗을 사귈 때에는 서로가 분수에 맞는 사람끼리 사귀어야 하고, 서로 열심히 닦고 배워서 사람으로서의 도리를 지켜야 한다.

仁慈隱惻 造次弗離　節義廉退 顚沛匪虧

어진 마음으로 남을 사랑하고, 또한 이를 측은히 여겨야 하며, 남을 위한 동정심을 잠시라도 잊지 말고, 항상 가져야 한다. 청렴과 절개와 의리와 사양함과 물러감은 늘 지켜야 하며, 엎어지고 자빠져도 이러한 것들이 이지러지지 않도록 하라.

性靜情逸　心動神疲　守眞志滿　逐物意移

성품이 고요하면 감정이 편안하니, 고요함은 천성이고, 움직임은 인정이요, 마음이 움직이면 정신이 피고하고, 신기도 불편해 진다.
사람의 도리를 지키면 올바른 뜻이 가득 차고, 물건에 대하여 욕심을 내면 마음도 변하게 된다.

堅持雅操　好爵自縻　都邑華夏　東西二京

바른 절조를 굳게 지킴은 나의 도리를 극진히 함이니, 좋은 벼슬도 저절로 얻게 된다.
나라의 도읍(왕성)을 화하(중화)에 정하였으니, 동과 서에 두 수도, 곧 동경은 낙양이고, 서경은 장안이다.

20

背邙面洛 浮渭據涇　宮殿盤鬱 樓觀飛驚

낙양은 북쪽에 북망산이 있고, 남쪽엔 낙수가 있으며, 장안은 서북에 위수와 경수, 두 강물이 흐른다. 궁전은 울창한 나무 사이에 정하고, 궁전 가운데 있는 누각(樓閣)과 관대(觀臺)는 높아서, 올라가면 하늘을 나는 듯하여 놀란다.

圖寫禽獸 畫綵仙靈　丙舍傍啓 甲帳對楹

궁전 내부에는 금수를 그린 그림, 조각 등으로 장식되어 있으며, 신선과 신령의 그림도 화려하게 채색되어 있다.
병사(궁전 내의 건물) 곁에 통로를 만들어 출입하게 했으며, 동방삭이 지은 아름다운 갑장이 두 기둥 사이에 마주하고 있다.

肆筵設席 鼓瑟吹笙 升階納陛 弁轉疑星

자리를 베풀고 돗자리를 펴 연회하는 좌석을 만들고, 비파를 뜯고 생황을 부니, 풍류를 즐기는 잔치로다.
문무백관이 계단을 오름은 임금께 납폐하는 절차며, 관(冠)에서 번쩍이는 구슬을 보고, 사람들은 별인가 의심한다.

右通廣內 左達承明 既集墳典 亦聚群英

오른편으로는 임금의 비서가 거처하는 광내로 통하고, 왼편에는 사기(史記)를 교열(교정·검열)하는 승명이 이어진다.
이미 삼황(三皇)의 봉분에서 나온 책인 삼분(三墳)과 오제(五帝)가 남긴 글인 오전(五典)을 모았으니, 또한 여러 영재와 현사를 모아 분전을 강론하여 치국(治國)의 도를 받혔다.

杜稿鍾隷　漆書壁經　府羅將相　路俠槐卿

초서를 처음으로 쓴 두고의 글과 예서를 처음 쓴 종례의 글이 비치되었으며, 한나라 영제가 돌 벽에서 발견한 칠서와 공자의 집 벽에서 발견한 6경도 비치되어 있다. 길에는 고관인 삼공, 구경의 마차가 열을 지어 궁전으로 들어간다. 마을 좌우에 장수와 정승이 벌려 서 있었으며.

戶封八縣　家給千兵　高冠陪輦　驅轂振纓

한나라가 천하를 통일하고, 여덟 고을의 민호(民戶)를 주어 공신을 봉하였고, 제후 나라에 일천 군사를 주어 그의 집을 호위시켰다. 높은 관을 쓰고 수레로 모시며, 제후의 예로 대접했고, 수레를 몰며, 갓끈이 떨치니, 임금 출행에 제후의 위엄이 있다.

世祿侈富 車駕肥輕
策功茂實 勒碑刻銘

대대로 녹을 받아 사치하고 부유하니, 제후의 자손이 세세토록 관록이 풍부하고 무성하며, 수레의 말은 살이 쪘으나 달리는 것은 가벼웠다.

쌓은 공이 무성하고 충실하니, 비석에 이름을 새겨 그 공을 찬양하며, 후세에 전하였다.

磻溪伊尹 佐時阿衡
奄宅曲阜 微旦孰營

주나라 문왕은 반계에서 강태공을 맞고, 은나라 탕왕은 신야에서 이윤을 맞았으니, 위급한 때에 도와 재상의 칭호인 아형의 벼슬에 올랐다.

주공이 노(魯)나라에 봉한 뒤 곡부에다 궁전을 세웠으니, 주공이 단이 아니면 어찌 누가 큰일을 해내었겠는가?

桓公匡合 濟弱扶傾　綺回漢惠 說感武丁

환공은 많은 제후들을 바르게 하고 화합시켜, 초를 물리치고 난을 바로 잡았으며, 약한 나라를 구제하고, 기울어지는 나라를 도와서 붙들어 주었다.
한나라 때, 현인 기리계(綺理季)가 한나라 혜제를 회복시켰으며, 부열이 들에서 역사함에 무정을 꿈속에서 감동시켜, 곧 정승이 되었다.

俊乂密勿 多士寔寧　晋楚更霸 趙魏困橫

준걸과 재사가 경륜을 치밀하게 하니, 훌륭한 선비가 조정에 많아 국가가 태평함이라.
진나라와 초나라가 번갈아 패권을 잡았고, 조나라와 위나라는 연횡책에 고궁해졌다.

假途滅虢 踐土會盟 何遵約法 韓弊煩刑

진(晉)나라 헌공이 우나라의 길을 빌려 괵국을 멸하였고, 진(晉) 문공이 제후를 천토에 모아 맹세하고, 협천자 영을 제후로 봉하였다.

소하는 한고조(유방)와 더불어 약법삼장(約法三章)을 만들어 준행케 하였으며, 한비는 진시황을 달래어 가혹한 형벌을 펴다가 그 형벌에 죽었다.

起翦頗牧 用軍最精 宣威沙漠 馳譽丹青

백기와 왕전은 진나라 장수요, 염파와 이목은 조나라 장수였으니, 군사 쓰기를 가장 정교히 하였다.

장수로서 그 위엄은 멀리 사막에 까지 퍼졌으며, 명예를 드날리기 위해 단청으로 초상을 기린각에 그렸다.

九州禹迹 百郡秦幷 嶽宗恒岱 禪主云亭

아홉주(九州)는 우(禹)임금의 자취이고, 진시황이 천하에 봉군하는 법을 폐하고 일백 군을 두었다. 오악(五嶽)은 항산과 태산이 조종(祖宗)이며, 운운산과 정정산에는 천자가 봉선하고 제사하는 곳으로 태산에 있다.

雁門紫塞 鷄田赤城 昆池碣石 鉅野洞庭

기러기가 북으로 가는 고로 안문이라 했고, 흙이 붉은 고로 자새라 했다. 옹주에 있는 계전과 기주에 있는 적성이다. 곤지는 운남 곤명현에 있는 연못이고, 갈석은 북평현에 있는 돌이며, 거야는 태산 동편에 있는 광야(廣野), 동정호는 호남성에 있는 중국 제일의 호수이다.

曠遠綿邈　巖岫杳冥　治本於農　務玆稼穡

산천이 텅비고, 멀리 널리 줄지어 있으며, 큰 바위와 산봉우리가 묘연하고 아득하다.

다스리는 것은 농사를 근본으로 하며, 때를 맞추어 심고 거두는데 힘써야 한다.

俶載南畝　我藝黍稷　稅熟貢新　勸賞黜陟

봄이 오면 비로소 남쪽 밭이랑 농작물을 심기 시작하며, 기장과 피를 심는 일에 열중하겠다.

곡식이 익으면 세금을 내고, 햇곡식으로 종묘에 제사를 올리며, 열심히 일한 자는 상주고, 게을리 한 자는 내쫓았다.

孟軻敦素 史魚秉直 庶幾中庸 勞謙謹勅

맹자는 그 모친의 교훈을 받아 성품이 두텁고 유순하였으며, 사어는 위나라 대부였으며, 그 성격이 매우 강직하였다. 어떠한 일이나 한쪽으로 기울어지게 일하면 안 되며, 근면하고, 겸손하며, 삼가고, 경계하면 중용의 도에 이른다.

聆音察理 鑑貌辨色 貽厥嘉猷 勉其祗植

소리를 듣고 그 거동을 살피니, 작은 일이라도 주의하여야 하고, 모양과 거동을 보고 그 마음속 기색을 분별할 수 있다. 도리를 지키고 착한 일을 하여 자손에게 좋은 영향이 미치게 하며, 이러한 덕을 쌓아 자손에게 남겨 줄 것을 힘써야 한다.

29

省躬譏誡 寵增抗極　殆辱近恥 林皐幸卽

나무람과 경계함이 있는 가 염려하며 몸을 살피고, 총애가 더할수록 교만한 태도를 부리지 말고, 더욱 조심하여야 한다.
총애를 받는다고 욕된 일을 하면 머지 않아 위태함과 치욕이 올 것이니, 모든 일에 겸손하게 사양하여 물러나 산간 수풀에서 편히 지내는 것도 다행한 일이다.

兩疏見機 解組誰逼　索居閒處 沈默寂寥

한나라의 소광과 소수는 기미를 보고 왕에게 상소하고 낙향했으니, 관(冠)의 끈을 풀어(관직에서 물러나) 사직하고 돌아가니, 아무 일도 없고 조용하기만 하구나.
퇴직하여 한가한 곳을 찾아 살면서 세상을 보내니, 세상의 번뇌를 피하여 은거하니, 누가 핍박하리요.

30

求古尋論 散慮逍遙 欣奏累遣 **感謝歡招**

옛 것을 찾아 의논하고, 고인을 만나 토론하며, 바깥세상의 일을 잊어버리고, 자연 속에서 한가하게 즐긴다. 기쁨은 알리고, 더러움은 멀리 보내니, 마음속의 슬픔은 없어지고, 즐거움만 부른 듯이 오게 된다.

渠荷的歷 園莽抽條　枇杷晚翠 梧桐早凋

개천의 연꽃도 아름다우니, 그 향기를 잡아 볼만하고, 동산의 풀은 땅속 양분으로 가지가 뻗고 크게 자란다. 비파나무는 늦은 겨울에도 항상 그 빛이 푸르고, 오동잎은 가을이면 다른 나무보다 먼저 시든다.

陳根委**翳** 落葉飄**颻** 游鯤獨運 凌摩絳霄

겨울이 오면 오동뿐 아니라 고목의 뿌리는 시들어 마르고, 떨어지는 잎사귀 이리저리 나부낀다. 바다깊이 노는 곤어는 홀로 요동치며 살다가, 붕새가 되어 붉은 노을이 진 하늘을 업신여기는 듯이 선회하고 있다.

耽讀翫市 寓目囊箱　易輶攸畏 屬耳垣牆

후한의 왕충은 독서를 즐겨 낙양의 서점에 가서 탐독하였는데, 왕충이 한 번 읽으면 잊지 아니하여 글을 주머니나 상자에 넣어 둠과 같이 귀가 있다는 말과 같이 경솔히 말하는 것을 조심하라.

매사를 소홀히 하고 경솔함은 군자가 진실로 두려워하는 바이니, 담장에도 귀가 있다는 말과 같이 경솔히 말하는 것을 조심하라.

具膳湌飯 適口充腸 飽飫烹宰 飢厭糟糠

반찬을 갖추고 밥을 먹으니, 훌륭한 음식이 아니라도 입에 맞으면 배를 채운다. 배부를 때에는 아무리 좋은 음식이라도 그 맛을 모르고, 배가 고플 때에는 겨와 지게미도 맛있게 먹는 것이다.

親戚故舊 老少異糧 妾御績紡 侍巾帷房

친은 동성(同姓)의 친척이요, 척은 이성(異姓)의 친척이요, 고구(故舊)는 오랜 친구를 말하며, 늙은이와 젊은이의 식사가 다르니, 노인에게는 연하고 영양이 많은 음식을 드려야 한다. 남자는 밖에서 일하고, 여자는 안에서 길쌈(베를 짜는 일)을 하며, 안방에서 모시고 수건을 받드는 것은 처첩(妻妾)이 하는 일이다.

紈扇圓潔 銀燭煒煌　晝眠夕寐 藍筍象牀

흰 비단으로 만든 부채는 둥글고 깨끗하고, 은촛대의 촛불은 빛나서 그 불꽃이 휘황찬란하다.
낮에는 낮잠을 자고 밤에 일찍 자니, 한가한 사람의 일이요, 푸른 대순과 코끼리뼈로 꾸민 침상이다. 즉 한가한 사람의 침상이다.

絃歌酒讌 接杯舉觴　矯手頓足 悅豫且康

거문고를 타며 술과 노래로 잔치하니, 작고 큰 술잔을 서로 주고 받으며 즐기는 모습이다.
손을 들고 발을 두드리며 춤을 추니, 이상과 같이 마음 편히 즐기고 살면 평안하고 기쁜 삶이다.

적자 된 자, 즉 장남은 뒤를 계승하여 대를 잇고, 제사하되, 겨울 제사는 증이라 하고, 가을 제사는 상이라 한다. 이마를 조아려 선조에게 두 번 절하는 예를 갖추고, 몸가짐이 엄중하고 공경함이 지극하여야 한다.

牋牒簡要 顧答審詳　骸垢想浴 執熱願涼

글과 편지는 간략함을 중요시하니, 편지의 회답도 자세히 살펴 써야 한다. 몸에 때가 끼면 목욕하기를 생각하고, 뜨거운 것을 잡으면 서늘하기를 원한다.

驢騾犢特 駭躍超驤 誅斬賊盜 捕獲叛亡

귀와 노새와 송아지, 즉 가축들이 번성하며, 놀라 뛰고 달리며 노닌다.
역적과 도적을 베어 처벌하고, 배반하고 도망치는 자를 잡아 죄를 다스린다.

한나라 여포는 화살을 잘 쏘았고, 의료는 탄자(쇠구슬)를 잘 던졌으며, 위나라 혜강(嵇康)은 거문고를 잘 탔고, 완적(阮籍)은 휘파람을 잘 불었다.

布射遼丸 嵇琴阮嘯 恬筆倫紙 鈞巧任釣

진나라 몽념(蒙恬)은 토끼털로 처음 붓을 만들었고, 후한의 채륜(蔡倫)은 처음 종이를 만들었으며, 위나라 마균(馬鈞)은 지남차(指南車)를 만들고, 전국시대 임공자(任公子)는 낚시를 만들었다.

釋紛利俗 竝皆佳妙 毛施淑姿 工嚬妍笑

위의 8인은 재주를 다하여 어지러움을 풀어 풍속을 이롭게 하였으니, 모두가 아름다우며 묘한 재주였다.
오나라의 모타(모장:毛嬙)와 월나라의 서시(西施)는 모두 자태가 아름다웠고, 웃는 모습이 매우 곱고 아름다워 찌푸린 얼굴조차 흉내 낼 정도였다.

年矢每催 羲暉朗耀 璇璣懸斡 晦魄環照

세월은 화살같이 매양 재촉하니, 햇빛은 온 세상을 밝게 비추어 만물에 혜택을 주고 있다.
선기(璇璣, 천문을 보는 기구)가 높이 매달려 돌아가고, 달은 그믐이 되면 빛이 없어졌다가 보름이 되면 달무리를 만들며, 밝게 빛나서 천지를 비춘다.

指薪修祜　永綏吉邵　矩步引領　俯仰廊廟

불타는 나무와 같은 정열로 도리를 닦으면 복을 얻고, 영원토록 편안하고 길상이 높아지리라. 걸음을 바로 걷고 옷차림을 단정히 하고, 항상 낭묘에 있는 것으로 생각하고, 머리를 숙여 예의를 지켜라.

束帶矜莊　徘徊瞻眺　孤陋寡聞　愚蒙等誚

의복에 주의하여 단정히 함으로써 긍지를 갖고 예의를 갖추어, 이리 저리 배회하니, 식견(배운 것)도 재능(들은 것)도 부족하고, 어리석고 몽매(蒙昧)한 자와 똑같이 꾸짖는다.

謂語助者 焉哉乎也

어조사라 함은 한문의 조사를 말하며,
「언(焉字) 재(哉字) 호(乎字) 야(也字)」 이 네 글자이다.

謂語助者 焉哉乎也

千字文 〈篆書〉

발 행 ┃ 2019年 2月 1日

저 자 ┃ **이 성 연**

펴낸곳 ┃ **이화문화출판사**
발행인 ┃ 이홍연·이선화
등록번호 ┃ 제300-2015-92호
주 소 ┃ 서울시 종로구 인사동길 12 대일빌딩 310호
전 화 ┃ 02-732-7091~3(구입문의)
팩 스 ┃ 02-725-5153
homepage ┃ www.makebook.net

ISBN 979-11-5547-353-5

값 : 7,000원